FONDATION POUR
L'INNOVATION
POLITIQUE
fondapol.org

www.fondapol.org

UN DROIT POUR L'INNOVATION ET LA CROISSANCE

Sophie VERMEILLE

Mathieu KOHMANN

Mathieu LUINAUD

FONDATION POUR
L'INNOVATION
POLITIQUE
fondapol.org

FONDATION POUR L'INNOVATION POLITIQUE

Un think tank libéral, progressiste et européen

La Fondation pour l'innovation politique offre un espace indépendant d'expertise, de réflexion et d'échange tourné vers la production et la diffusion d'idées et de propositions. Elle contribue au pluralisme de la pensée et au renouvellement du débat public dans une perspective libérale, progressiste et européenne. Dans ses travaux, la Fondation privilégie quatre enjeux : la croissance économique, l'écologie, les valeurs et le numérique.

Le site www.fondapol.org met à disposition du public la totalité de ses travaux. Sa nouvelle plateforme « Data.fondapol » rend accessibles et utilisables par tous les données collectées lors de ses différentes enquêtes et en plusieurs langues, lorsqu'il s'agit d'enquêtes internationales.

Par ailleurs, notre média « Trop Libre » offre un regard quotidien critique sur l'actualité et la vie des idées. « Trop Libre » propose également une importante veille dédiée aux effets de la révolution numérique sur les pratiques politiques, économiques et sociales dans sa rubrique « Renaissance numérique ».

La Fondation pour l'innovation politique est reconnue d'utilité publique. Elle est indépendante et n'est subventionnée par aucun parti politique. Ses ressources sont publiques et privées. Le soutien des entreprises et des particuliers est essentiel au développement de ses activités.

RÉSUMÉ

Après une longue période de rattrapage économique entamée après la Seconde Guerre mondiale, la France se trouve aujourd'hui à la frontière technologique dans de nombreux secteurs de son économie. Pourquoi l'économie française semble-t-elle autant à la traîne dans les divers classements des économies les plus innovantes ? Pourquoi peine-t-elle autant à transformer le fruit de sa recherche fondamentale, dont elle est exportatrice nette, en applications industrielles créatrices de croissance ?

Il existe aujourd'hui un risque important que les « institutions » (Douglass North) propres à l'économie française, dépassées par le temps, ne soient plus en phase avec les besoins d'une économie moderne tributaire de sa capacité à innover. Pour pouvoir renouer avec une croissance continue dans le futur, la France doit se doter des moyens qui lui permettront de franchir la frontière technologique atteinte par les acteurs de son économie.

Malheureusement, le droit et la politique économique de la France sont trop souvent dans les mains d'un pouvoir politique sans boussole, avec pour conséquence une insécurité juridique et un manque d'adaptation plombant le potentiel dont dispose le droit pour devenir un élément facilitateur dans une économie de l'innovation. Aussi, la réforme de ses institutions est un des plus grands défis auxquels la France a à faire face. Malheureusement, la prise de conscience de l'ampleur de cet enjeu est aujourd'hui encore trop faible.

Nous dressons ici six constats qui permettent d'articuler notre raisonnement et de présenter des pistes d'orientation pour refaire du droit en France un outil au service d'une économie prête à affronter les innovations et les enjeux technologiques de demain.

UN DROIT POUR L'INNOVATION ET LA CROISSANCE

Sophie VERMEILLE
Présidente de Droit & Croissance, avocate,
chercheuse au laboratoire d'économie du droit de l'université Panthéon-Assas et enseignante à HEC

Mathieu KOHMANN
Membre de Droit & Croissance, diplômé de Sciences Po Paris (Campus franco-allemand ; Princeton University)
et étudiant en master droit économique (Sciences Po ; Stanford Law)

Mathieu LUINAUD
Membre de Droit & Croissance, diplômé de Sciences Po Paris et de l'École polytechnique (MX2013),
et diplômé en droit (université Panthéon-Assas et University of Pennsylvania)

INTRODUCTION

« Les lois inutiles affaiblissent les lois nécessaires »
Montesquieu [1]

L'économie française se trouve aujourd'hui dans une période charnière. Après une longue phase de rattrapage économique entamée après la Seconde Guerre mondiale, la France se trouve aujourd'hui à la limite technologique dans un grand nombre de secteurs de son économie. Franchir cette frontière en basculant vers une phase d'innovations radicales est une des clés qui permettrait à la France de renouer avec une croissance continue pour les années à venir. Cette étape offrirait à la France et à ses acteurs économiques la possibilité de tirer pleinement profit des révolutions technologiques en cours. Néanmoins, et malgré une part de R&D publique relativement plus importante que dans d'autres pays contribuant à un niveau de recherche fondamentale de pointe, la France peine à franchir cette frontière

---

1. *De l'esprit des lois*, 6ᵉ partie, livre XXIX, chap. XVI, 1748.

technologique. Elle connaît en particulier des difficultés lorsqu'il s'agit de transformer le fruit de cette recherche en applications industrielles créatrices de croissance, ce qui explique que sa balance commerciale ne cesse de se dégrader alors qu'elle possède une balance technologique positive. Ces difficultés expliquent également qu'en 2015[2] la France était classée au douzième rang des pays de l'Union européenne en matière d'innovation, appartenant désormais au groupe des « suiveurs » de l'innovation, alors qu'elle occupait la onzième place en 2013.

Ces difficultés traduisent également la faible adaptation des institutions françaises aux nouvelles exigences d'une économie de l'innovation et aux moyens d'y remédier. On entend ici par « institutions » la définition retenue par l'économiste Douglass North, soit l'ensemble des lois, règles écrites, contraintes informelles ainsi que les instruments qui conduisent à contrôler l'application et à sanctionner le non-respect de ces lois, règles et contraintes. Il existe un risque que ces institutions propres à l'économie française, et qui n'ont guère évolué depuis la fin de la Seconde Guerre mondiale, empêchent le pays de franchir la frontière technologique atteinte par ses acteurs économiques.

En dépit d'une lente évolution au cours des vingt dernières années, les institutions françaises ne sont plus en phase avec les nécessités d'une économie moderne tributaire de sa capacité à innover. Or, comme le démontre le débat récent sur les différents services de la société Uber, le droit peut avoir une influence significative non seulement sur la capacité des entreprises ou des entrepreneurs à innover, mais aussi sur la protection de rentiers d'innovations passées et sur le taux de diffusion de nouvelles innovations dans une économie.

La raison principale des insuffisances des institutions françaises, en particulier du droit français, n'est pas tant liée à son héritage napoléonien – le Code civil – souvent opposé de manière artificielle à la *common law*, qu'au fait que le droit français a manqué le virage du réalisme juridique. En effet, au cours du XIXe siècle, les juristes français, contrairement aux juristes d'autres pays, ont continué à construire leur droit de manière autonome et abstraite, multipliant les typologies et les qualifications juridiques déconnectées des réalités économiques et dépourvues de considérations pour les enseignements que d'autres disciplines académiques auraient pu apporter au droit, comme les sciences économiques en premier lieu.

Une des conséquences de cet immobilisme de la discipline juridique française est que, trop souvent, le législateur français ne raisonne pas suffisamment en

2. Commission européenne, *Tableau de bord de l'Union de l'innovation 2015*, 2015, p. 31.

termes d'efficacité ou de maximisation des richesses pouvant être produites dans une économie lorsqu'il décide de créer ou de réformer des lois. Pourtant, pour les économistes, le fait de vérifier qu'une règle de droit est efficace et maximise le bien-être social est une étape indispensable, devant précéder toute réflexion politique sur la répartition des richesses éventuellement créées dans une économie. Force aussi est de constater que les pouvoirs politiques français préfèrent réformer à petits pas, sans se préoccuper de la cohérence de l'ensemble des mesures individuelles mises en place pour réguler l'activité économique sur le territoire et sans adopter une perspective de long terme sur les capacités que le pays doit développer afin de favoriser la transformation de ses industries ainsi que l'émergence et l'exploitation d'innovations sur son territoire. Ainsi, le droit est dans les mains d'un législateur sans boussole et devient la source d'une insécurité juridique perpétuelle qui plombe le potentiel du droit français à devenir un véritable facilitateur d'une économie de l'innovation.

Dans cette note, nous dressons six constats qui permettent d'articuler notre raisonnement et de présenter des pistes d'orientation pour refaire du droit en France un outil au service d'une économie prête à faire face aux innovations et aux enjeux technologiques de demain :

1ᵉʳ constat : La France se trouve aujourd'hui face à une frontière technologique qu'elle ne parvient pas à franchir. Il est urgent qu'elle favorise l'émergence d'innovations radicales et permette aux acteurs économiques nationaux de transformer les opportunités et la valeur créées par les innovations radicales.

2ᵉ constat : Étant désormais proche de la frontière technologique, la France a besoin de faire évoluer ses institutions pour basculer dans une phase plus propice à l'innovation radicale et répétée, et pour permettre à une économie de l'innovation de se déployer.

3ᵉ constat : Dans une économie de l'innovation, les institutions doivent non seulement favoriser l'accumulation du capital mais aussi endosser un rôle de facilitateur pour l'économie. Ce constat oblige à repenser le rôle de l'État.

4ᵉ constat : En refusant de suivre le mouvement du réalisme juridique, la discipline juridique française est restée enfermée sur elle-même et est ainsi moins bien armée qu'ailleurs pour servir de facilitateur de l'économie.

5ᵉ constat : En manquant le tournant du réalisme juridique, le droit français a également manqué celui de l'analyse économique du droit.

6ᵉ constat : Les conséquences du virage manqué du droit français sont nombreuses, en particulier une plus grande complexité de notre cadre juridique rendant plus compliqué, sur un plan technique, les réformes en profondeur et facilitant la réaction des rentiers opposés à tout changement.

Plusieurs mesures pourraient être envisagées dans ce contexte. Cinq d'entre elles nous semblent les plus urgentes afin d'entraîner un véritable changement de paradigme laissant entrevoir de nombreuses réformes ultérieures, plus spécifiques :

1. Renforcer la vocation de l'analyse économique dans les études d'impact exigées lors du dépôt par le gouvernement d'un projet de loi devant le Conseil d'État.

2. Renforcer le contrôle exercé sur la qualité des études d'impact.

3. Doter le Conseil d'État et le Conseil constitutionnel des moyens matériels de remplir ces nouvelles missions.

4. Moderniser et diversifier la formation des élites administratives en charge de la rédaction des textes.

5. Encourager à davantage de pluridisciplinarité dans les facultés et écoles de droit.

1er CONSTAT :

La France se trouve aujourd'hui face à une frontière technologique qu'elle ne parvient pas à franchir. Il est urgent qu'elle favorise l'émergence d'innovations radicales et permette aux acteurs économiques nationaux de transformer les opportunités et la valeur créées par les innovations radicales.

Dans la théorie économique, on distingue traditionnellement les innovations dites « incrémentales » de celles dites « radicales ». Les pays en phase de rattrapage économique et technologique voient souvent leurs entreprises concentrées sur le développement d'innovations de type incrémentales (ou continues). Ces innovations sont en général en conformité avec le modèle économique dominant d'une économie, et résultent uniquement dans une amélioration incrémentale des produits créés ou des technologies déployées dans cette économie[3]. À l'opposé, les pays et les entreprises ayant atteint la frontière technologique[4] doivent développer des innovations radicales (ou de rupture) – qui permettent la découverte de technologies, d'usages ou de marchés radicalement différents de ceux qui existaient précédemment – afin de pouvoir enregistrer une croissance raisonnable dans le futur et ne pas se voir marginalisée par un pays ou des entreprises qui innovent de façon radicale.

Selon Joseph Schumpeter, le dynamisme de l'économie repose avant tout sur son dynamisme en matière d'innovation[5]. L'analyse schumpétérienne de la croissance place les entreprises en une situation de concurrence perpétuelle pour la domination de leurs marchés. Dans un marché libre, cette domination s'impose aux entreprises qui doivent régulièrement faire face au risque de voir des concurrents innover et conquérir des nouvelles parts de marché, indépendamment du fait que ces concurrents sont déjà présents sur un marché ou qu'ils sont des nouveaux entrants. Les acteurs installés sur un marché profitent d'innovations incrémentales car ils pourront ainsi se tenir à niveau sur leurs marchés et perpétuer les rentes de leurs innovations passées. En revanche, ils seront marginalisés par une entreprise à l'origine

Un droit pour l'innovation et la croissance

---

3. Peter Thiel, *Zero to One. Notes on Startups, or How to Build the Future*, Crown Business, 2014. L'auteur distingue le concept de croissance extensive (ou horizontale) et celui de croissance intensive (verticale). La première est constituée d'innovations fondées sur l'imitation et l'élargissement (le *scaling up*), la seconde est constituée d'innovations radicales. La difficulté pour basculer dans une phase de croissance intensive consiste donc à passer du « zero to one ». La croissance extensive, elle nécessite uniquement un passage de « one to N », donc de copier l'innovation radicale un nombre de fois N.

4. Le terme de « frontière technologique » désigne l'ensemble des technologies les plus efficaces d'un secteur donné. Elle peut être mondiale, correspondant aux technologies de pointe sur l'ensemble du globe, ou nationale, désignant alors les technologies les plus efficaces dans un pays donné.

5. Joseph A Schumpeter, *Capitalism, Socialism, and Democracy*, Harper & Brothers, 1942.

d'une innovation radicale car beaucoup d'acteurs dominants sur un marché font face au « dilemme de l'innovateur [6] ». Souvent innovateurs historiques, devenus dominants sur un marché, ils sont dans l'incapacité de développer eux-mêmes de nouvelles innovations de rupture. La raison tient au fait qu'en créant une telle innovation ils auront tendance à cannibaliser le marché actuel de leurs produits phares, ce qui réduit considérablement leurs incitations à investir dans l'émergence d'innovations radicales de demain.

Une innovation radicale peut ainsi par définition propulser des *outsiders* en *leaders* et conduire à la disparition des *gatekeepers* sur un marché. En revanche, cette dynamique de marché ne peut déployer ses effets bénéfiques uniquement si, dans l'économie considérée, le processus de destruction créatrice d'entreprises fonctionne librement. En rendant obsolètes les techniques et les habitudes de production historiquement déployées dans une industrie ou en permettant le rapprochement de marchés, la création de nouveaux marchés ou la destruction de marchés, les innovations radicales transforment fondamentalement le *modus operandi* et les stratégies des acteurs économiques.

Sur le long terme les innovations radicales, si elles peuvent être exploitées industriellement par les entreprises d'un pays, permettent de créer des emplois, bien qu'elles marginalisent dans un premier temps les industries traditionnelles et contestent ouvertement la dominance des rentiers-innovateurs historiques d'un système économique établi. Chaque révolution industrielle s'accompagne de destructions d'emplois sur le court terme. Ceci est particulièrement vrai des innovations de procédé (la robotisation en est un exemple), mais peut aussi être le cas des innovations de produit. Sur le long terme, cependant, les innovations sont le principal moteur de la croissance, compensant ainsi les destructions d'emplois occasionnées. À partir du XVe siècle, l'invention de l'imprimerie s'est par exemple accompagnée de davantage de créations d'emplois dans l'édition ou le journalisme qu'elle n'a détruit d'emplois de copistes. Selon l'OCDE, le secteur Internet serait à l'origine, depuis 1995, de 25 % des créations nettes d'emploi. Cela représente pour la France 700 000 emplois créés au cours des quinze dernières années dans ce secteur. Ainsi, la capacité d'innover, non seulement de façon incrémentale mais aussi d'une façon radicale, devient cruciale pour la survie et la croissance d'une entreprise et, d'un point de vue global, d'une économie.

Si, depuis la fin de la Seconde Guerre mondiale, la France a connu une longue période de rattrapage économique, principalement caractérisée par la réalisation d'innovations dites « incrémentales », elle se situe désormais dans un grand nombre de secteurs[7] à la frontière technologique mondiale[8] et ne peut plus se contenter d'une innovation de rattrapage, comme en témoigne la faiblesse des taux de croissance que l'économie française enregistre depuis une décennie. Mis à part quelques domaines en particulier, la France ne parvient pas à franchir la frontière technologique.

Graphique : Taux de croissance du PIB en France depuis 1960

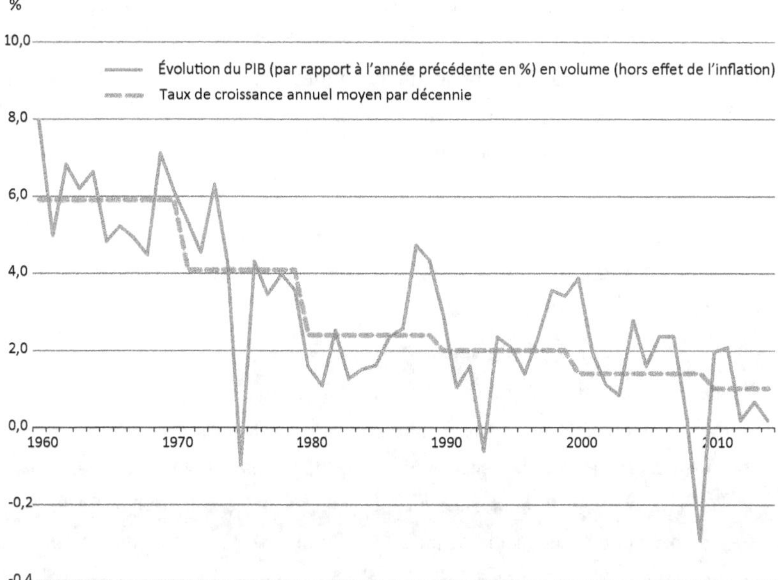

Source : *Insee*, comptes nationaux, base 2010.

Pour pouvoir continuer d'enregistrer une croissance raisonnable dans le futur, la France doit développer des capacités lui permettant d'augmenter la fréquence d'apparition d'innovations radicales sur son territoire. Quand bien même une innovation radicale trouverait son origine dans un autre pays du monde, les acteurs économiques nationaux doivent avoir la possibilité de transformer les opportunités créées par une telle innovation radicale sur le territoire français.

La vague actuelle d'innovations issues de la révolution numérique et de ses technologies de rupture illustre les difficultés de la France non seulement à

7. Quelques secteurs font cependant exception, notamment ceux de l'agroalimentaire, de l'aéronautique, des moyens de transports publics ou encore des cartes à puce. Tous sont de véritables atouts de la France à l'exportation.

8. Claire Lelarge, « Les entreprises (industrielles) françaises sont-elles à la frontière technologique ? », *Revue économique*, vol. 57, n° 3, mai 2006, p. 473-484.

basculer dans une phase d'innovations radicales, mais aussi dans une phase de croissance extensive[9], permettant aux acteurs économiques français de transformer le potentiel de la révolution numérique sur le territoire français. Selon une étude du cabinet de consultants McKinsey, le PIB français pourrait augmenter de 100 milliards d'euros du seul fait d'une accélération de la transformation numérique des entreprises française qui accusent un retard important en matière de révolution numérique[10]. S'il est peut-être déjà trop tard pour que la France puisse pleinement bénéficier de la présente vague d'innovations numériques, il convient de se pencher sur la problématique des causes de ce retard pour ne pas répéter les erreurs commises dans le passé et pour pouvoir tirer profit des prochaines vagues d'innovations radicales qui se préparent déjà dans certaines parties du monde et dans certains secteurs – tels que les bio- et nanotechnologies ou les neurosciences.

Innovation radicale et « technologies généralistes » : perspective historique

De la machine à vapeur à l'invention d'Internet, en passant par l'électrification massive des entreprises et des particuliers, nous avons connu de nombreuses ruptures technologiques issues d'innovations radicales ayant entraîné des changements majeurs de nos économies. Ces technologies dites « généralistes », ou *general purpose technologies*, sont des technologies capables d'affecter l'ensemble d'une économie en ayant un impact multisectoriel, notamment sur des structures économiques préexistantes à la découverte de ces technologies généralistes. Lipsey, Carlaw et Bekar* en identifient vingt-quatre depuis l'histoire de l'humanité, commençant par la domestication des plantes et des animaux et aboutissant sur la révolution NBIC, c'est-à-dire des nanotechnologies, des biotechnologies, de l'informatique et des sciences cognitives.

La contribution des technologies généralistes, issues d'innovations radicales, est de faire croître la productivité globale des facteurs dans un secteur donné, mais aussi de pouvoir s'étendre à des secteurs annexes, pas nécessairement liés à celui où s'est opérée ladite innovation. Ainsi, les technologies de l'information et des communications (TIC) stimulent aussi le progrès technique dans les secteurs non producteurs de TIC, dans la mesure où elles constituent un soutien puissant de l'innovation (en particulier de l'innovation non technologique, c'est-à-dire organisationnelle). Parmi les nouvelles possibilités offertes par Internet figurent

9. Voir Peter Thiel, *op. cit.*
10. McKinsey France, *Accélérer la mutation numérique des entreprises : un gisement de croissance et de compétitivité pour la France*, septembre 2014, p. 101.

l'utilisation du Cloud, qui permet une meilleure coordination et donc une baisse considérable des coûts de transaction, et celle des big data, qui promet un accès à des informations nouvelles et de meilleure qualité, contribuant notamment à une meilleure adéquation de l'offre à la demande.

Le professeur d'économie Nicholas Crafts s'est intéressé à la contribution des TIC à la croissance économique mondiale et estime que ces dernières ont contribué davantage à la croissance que la machine à vapeur et au moins autant que l'électrification[**]. Dans la mesure où l'économiste Paul David, lui, estime qu'il faut un délai d'environ un demi-siècle pour pleinement mesurer l'impact de telles révolutions technologiques[***], les effets des TIC pourraient être d'une amplitude bien plus grande sur la croissance économique mondiale. Il est ainsi estimé que les TIC ont fait croître la productivité du facteur travail de 0,6 % par an entre 1995 et 2005, tandis que la robotisation l'a fait croître de 0,36 % (1993-2007). Les innovations radicales débouchant sur des technologies généralistes sont donc des contributions majeures à la croissance économique. Si toutes les innovations radicales ne débouchent pas nécessairement sur de telles technologies généralistes, elles restent néanmoins une garantie de croissance économique.

[*] Richard G. Lipsey, Kenneth I. Carlaw et Clifford T. Bekar, *Economic Transformations. General Purpose Technologies and Long Term Economic Growth*, Oxford University Press, 2006.

[**] Nicholas Crafts, *The Solow Productivity Paradox in Historical Perspective*, Discussion Paper Series n° 3142, Center for Economic Policy Research (CEPR), 2002.

[***] Paul A. David, « The Dynamo and the Computer: An Historical Perspective on the Modern Productivity Paradox », *The American Economic Review*, vol. 80, n° 2, mai 1990, p. 355-361, et « Computer and Dynamo: The Modern Productivity Paradox in A Not-To-Distant Mirror », in Organisation for Economic Co-operation and Development (OECD), *Technology and Productivity. The Challenge for Economic Policy*, OECD, 1991, p. 315-347.

Étant désormais proche de la frontière technologique, la France a besoin de faire évoluer ses institutions pour basculer dans une phase plus propice à l'innovation radicale et répétée, et pour permettre à une économie de l'innovation de se déployer.

Les innovations radicales ne sont pas l'apanage d'une catégorie d'entreprise particulière. Elles peuvent aussi bien être le produit de grands groupes, de centres de recherche publics, comme celui d'entrepreneurs-innovateurs. Dans son dernier ouvrage, Mariana Mazzucato met en avant l'importance cruciale des programmes de recherches nationaux dans le développement des grandes technologies de rupture du XXe siècle, et notamment l'agence fédérale américaine Defense Advanced Research Projects Agency (DARPA)[11]. Les institutions jouent un rôle essentiel dans le développement d'innovations radicales et elles doivent être pensées de manière à encourager l'apparition du plus grand nombre possible de telles innovations.

Selon Douglass North, prix Nobel d'économie 1993, « les institutions sont les règles du jeu dans la société ou, plus formellement, ce sont les contraintes imaginées par les humains qui conditionnent les interactions entre les hommes[12] ». Ces institutions structurent ainsi les incitations des hommes dans leurs interactions en société, aussi bien dans les domaines politique, social ou économique.

Sans surprise, la nature des rapports d'échange évolue selon le degré d'avancement économique d'un pays. Il est en effet utile de rappeler qu'une réforme économique est un changement dans le potentiel productif d'une société[13] qui est la conséquence d'un changement dans l'état des connaissances mais aussi d'une modification dans les interactions entre agents, ce qui permet en les facilitant de rendre possible la réalisation de ce potentiel productif[14]. Le progrès économique procède du fait que les gens se spécialisent, tant au niveau des connaissances, que dans l'application qu'ils en font. Pour cette raison, le nombre d'échanges entre les parties s'est significativement accru, et ce d'autant plus que celles-ci n'hésitent

---

11. Mariana Mazzucato, *The Entrepreneurial State. Debuking Public vs. Private Sector Myths*, Public Affairs, 2015.

12. « Institutions are the humanely devised constraints that social interactions » (Douglass C. North, *Institutions, Institutional change, and Economic Performance*, Cambridge University Press, 1990, p. 97).

13. Les économistes définissent ce potentiel productif comme la « production-possibility frontier » (PPF).

14. Douglass C. North, « Institutions, Ideology, and Economic Performance », *Cato Journal*, vol. 8, n° 3, hiver 1992.

plus à contracter en dehors de leur cercle d'affaires. Pour produire la plus infime pièce industrielle, nous avons besoin de plus en plus d'interactions entre un grand nombre d'agents économiques. Cette situation requiert un accroissement du rôle de l'État afin d'assurer le respect des contrats ou, le cas échéant, celui des lois et régulations applicables, et ce à mesure que les autres modes d'organisation sociale, comme la famille, voient leur rôle décroître. Le contrôle accru des rapports d'échanges de plus en plus spécialisés par les tribunaux exige également une spécialisation des juges amenés à trancher des questions économiques de plus en plus complexes.

Pour cette raison, le poids des institutions se traduit concrètement dans l'économie de manière différente selon son stade de développement. Les économistes de la croissance appellent théorie des « institutions appropriées » l'idée que les institutions répondent à des objectifs différents, selon que le pays considéré se trouve en phase de rattrapage économique, à la frontière technologique ou a basculé dans une phase d'innovations radicales [15]. Ainsi, certaines institutions qui s'avèrent à un moment donné déterminantes pour la croissance, notamment les services publics d'infrastructure en situation de monopole, peuvent, par la suite, représenter un obstacle au franchissement de la frontière technologique [16].

En ce qui concerne la France, malgré une lente évolution au cours des vingt dernières années, les institutions ne sont plus adaptées à une économie qui a atteint la frontière technologique et qui nécessite un nouveau système d'innovation à la fois plus flexible, plus intégrateur, mais aussi plus incitatif à la prise de risques entrepreneuriale.

---

15. Daron Acemoglu, Philippe Aghion et Fabrizio Zilibotti, « Distance to Frontier, Selection, and Economic Growth », *Journal of the European Economic Association*, vol. 4, n° 1, mars 2006, p. 37-74. Voir également Douglass C. North et Barry R. Weingast, « Constitutions and Commitment : The Evolution of Institutional Governing Public Choice in Seventeenth-Century England », *The Journal of Economic History*, vol. 49, n° 4, décembre 1989, p. 803-832.

16. Philippe Aghion et Peter Howitt, *L'Économie de la croissance*, Economica, 2010.

3ᴱ CONSTAT :

Dans une économie de l'innovation, les institutions doivent non seulement favoriser l'accumulation du capital mais aussi endosser un rôle facilitateur pour l'économie. Ce constat oblige à repenser le rôle de l'État.

Lorsque le pays est en phase de rattrapage, le respect des droits de propriété est un élément clé afin de favoriser l'accumulation du capital. Lorsqu'un pays souhaite favoriser l'émergence d'innovations radicales, le simple respect de ces droits n'est plus suffisant. Compte tenu du poids des habitudes, les économistes et décideurs publics ont tendance à surpondérer le rôle des droits de propriété et à négliger l'importance des coûts de transaction susceptibles d'empêcher le transfert de ces droits et le franchissement de la frontière technologique.

Le respect du droit de propriété permet de créer les conditions de l'accumulation de la richesse, puisque c'est à cette condition que les parties sont prêtes à échanger au-delà de leur cercle familial ou du clan dans lesquels s'appliquent des règles implicites. Le respect des droits de propriété est la condition essentielle à l'investissement dans le capital physique et humain, permettant notamment d'encourager l'adoption de technologies plus efficientes [17]. En l'absence de respect du droit de propriété, un pays est condamné à demeurer dans ce que les économistes nomment une « trappe de non-convergence [18] ».

Lorsqu'un pays est situé à la frontière technologique, il est d'autant plus important que les institutions d'un pays assument également un rôle de facilitateur pour son économie. En effet, à la frontière technologique, la sélection des projets à financer devient importante. Dans des pays en phase de rattrapage, les projets s'appuient sur des entreprises existantes et des managers en place pour maximiser les investissements. La sélection des projets à financer est moins une priorité. À l'approche de la frontière technologique, les économies nationales doivent initier un changement de modèle et adopter une stratégie fondée sur l'innovation et non plus le simple investissement, ce qui implique de s'appuyer sur des entreprises parfois beaucoup plus jeunes, avec des projets plus audacieux et des profils de managers plus créatifs [19].

---

17. Daron Acemoglu, Simon Johnson et James Robinson, « Institutions as the fundamental cause of long-run growth », in Philippe Aghion et Steven N. Durlauf (dir.), *Handbook of Economic Growth*, vol. 1A, North Holland, 2005, p. 386-472.

18. Philippe Aghion et Peter Howitt, *op. cit.*

19. Daron Acemoglu, Philippe Aghion et Fabrizio Zilibotti, art. cit.

La règle de droit doit alors s'attacher à favoriser ce changement de modèle en réduisant les coûts de transaction dans l'économie[20] et en renforçant l'accumulation de capital[21], par exemple en contribuant au développement des marchés financiers pour permettre une meilleure allocation du capital vers des projets porteurs d'innovation.

Le droit du travail et la fiscalité sont les deux domaines du droit les plus cités quand il s'agit d'accompagner les mutations économiques. Beaucoup a déjà été écrit sur ce sujet, en particulier sur la nécessité d'adapter les règles du droit du travail afin de permettre la flexibilité à un moment crucial[22]. Ces deux domaines du droit ne sont cependant pas les seuls à participer à l'accompagnement de l'innovation radicale. Il importe ainsi que le droit des faillites, dans le prolongement des contrats conclus entre les investisseurs, facilite la disparition d'entreprises devenues non viables et favorise l'arrivée de nouveaux entrants. C'est tout l'inverse qui se réalise en France aujourd'hui. En faisant le choix politique de préserver l'emploi à court terme et de le maintenir à tout prix plutôt que de se soucier de la pérennité globale d'une activité économique, le droit des faillites en France maintient sous perfusion un grand nombre d'entreprises non viables ou surendettées, comme en témoigne le taux de rechute très élevé des entreprises en procédure collective[23]. En favorisant les actionnaires sur les créanciers mais aussi en soutenant parfois abusivement une concurrence déloyale, l'État décourage et fragilise les nouveaux entrants qui disposeraient d'un fort potentiel d'innovation. En protégeant les dirigeants-actionnaires tant que la société n'est pas en liquidation, le droit des entreprises en difficulté empêche également leur sélection, qui est un élément clé dans une économie reposant sur des dirigeants visionnaires, ambitieux et compétents.

De manière plus positive, les dernières avancées au niveau européen permettent d'illustrer l'intérêt du droit comme facilitateur de l'économie. Le droit européen offre en effet une opportunité d'élargir le périmètre géographique de la protection des droits de propriété intellectuelle afin de permettre plus rapidement une large diffusion de l'innovation. C'est le cas du projet de brevet unitaire qui offrira une procédure simplifiée devant l'Office européen des brevets (OEB) ainsi qu'une minoration des taxes de délivrance et des annuités en permettant de réaliser un seul et unique dépôt

---

20. Ronald Coase, *L'Entreprise, le Marché, et le Droit*, Éditions d'Organisation, 2005.

21. Laurens Cherchye et Wim Moesen, *Institutional Infrastructure and Economic Performance: Levels versus Catching up and Frontier Shifts*, Center for Economic Studies, Discussions Paper Series (DPS) 03.14, Katholieke Universiteit Leuven, Faculty of Economics anc Applied Economics, décembre 2003 (https://lirias.kuleuven.be/bitstream/123456789/121563/1/Dps0314.pdf).

22. Philippe Aghion, Gilbert Cette, Élie Cohen et Jean Pisani-Ferry, *Les Leviers de la croissance française*, rapport du Conseil d'analyse économique, La Documentation française, 2007 (www.cae-eco.fr/IMG/pdf/072.pdf).

23. Statistiques d'Euler-Hermés qui ont ainsi mis en évidence que plus de 50 % des entreprises en procédure de sauvegarde tombent en liquidation dans les cinq ans.

susceptible de protéger le dépositaire *via* le droit applicable dans chacun des vingt-cinq États membres participant à l'accord sur la coopération renforcée. Il s'agit là d'une véritable avancée qui permettra ainsi de réduire à la fois les coûts de transaction – jusqu'à six fois moins cher dans le cas d'un dépôt dans l'ensemble des pays membres – et de renforcer la sécurité juridique au sein de l'Union européenne, permettant, par extension, aux entreprises du marché unique d'écouler plus facilement leurs produits.

L'État se doit donc d'agir pour la réforme des normes juridiques qui freinent ou n'accompagnent pas suffisamment aujourd'hui la prise de risque, et donc l'innovation radicale. Outre les secteurs d'intervention présentés précédemment, l'État peut intervenir en fluidifiant les partenariats de recherche public-privé, notamment en favorisant la mobilité entre chercheurs des deux secteurs. Son action peut, entre autres, favoriser le développement des thèses de type Cifre (conventions industrielles de formation par la recherche), dont le nombre stagne depuis 2008 [24], ou aider à simplifier l'organisation des unités mixtes de recherche (UMR). Il faut également pouvoir faciliter le financement des PME-ETI dans leur seconde phase de financement, car les entreprises innovantes manquent aujourd'hui de 2 milliards d'euros par an pour se financer [25]. Ce type d'intervention de l'État permettrait de faire profiter les réformes engagées à l'ensemble du tissu économique du pays. Il s'agit de cette façon de rompre avec un système aux politiques « verticales », destinées uniquement à une poignée d'industries ou d'entreprises déterminées. L'action de l'État doit s'attacher à créer un écosystème de l'innovation au moyen de politiques « horizontales ». Ce type d'actions agit sur les infrastructures dites institutionnelles et bénéficie ainsi au plus grand nombre [26], notamment en favorisant l'émergence d'entreprises innovantes, porteuses de nouveaux marchés non identifiés ou identifiables par la puissance publique.

Le nouvel écosystème d'innovation dont la France a besoin ne peut toutefois reposer sur le basculement total de politiques « verticales » vers des politiques « horizontales ». S'il est question d'écosystème, c'est que ce nouveau modèle doit pouvoir faire coexister le meilleur des deux mondes. Les marchés de capitaux, notamment celui du capital-risque, ne sont pas des solutions miracles pour l'innovation (même s'ils nécessitent d'être beaucoup plus développés en France), car ils n'interviennent que dans un second

24. Ministère de l'Éducation nationale, de l'Enseignement supérieur et de la Recherche, « Conventions industrielles de formation par la recherche (Cifre) » (www.enseignementsup-recherche.gouv.fr/cid22130/les-cifre.html##evolution).

25. Jean-Luc Beylat et Pierre Tambourin, *L'Innovation, un enjeu majeur pour la France. Dynamiser la croissance des entreprises innovantes*, rapport pour le ministère du Redressement productif et le ministère de l'Enseignement supérieur et de la Recherche, avril 2013 (www.economie.gouv.fr/files/rapport_beylat-tambourin.pdf).

26. Philippe Aghion, Gilbert Cette et Élie Cohen, *Changer de modèle*, Odile Jacob, 2014.

temps, lorsque les principales incertitudes ont été levées par une recherche aboutie, très souvent publique[27]. Les investissements lourds et à long terme que requièrent les innovations radicales sont en effet souvent boudés par le secteur privé, découragé par la grande incertitude de retombées sur ces investissements[28]. Par ailleurs, les innovations ayant un impact multisectoriel sont souvent le fruit de la recherche publique[29]. Rompre totalement avec les politiques « verticales » de l'État serait donc dangereux, car cela pourrait couper certains circuits de financement déterminants pour l'innovation radicale. Il faut donc les coupler avec des politiques « horizontales » et créer un écosystème inclusif de l'innovation, en améliorant la qualité des institutions françaises.

4ᴱ CONSTAT :

En refusant de suivre le mouvement du réalisme juridique, la discipline juridique française est restée enfermée sur elle-même et est ainsi moins bien armée qu'ailleurs pour servir de facilitateur de l'économie.

La difficulté du droit français à se réinventer pour être plus en phase avec le niveau de développement de l'économie française ne tient pas tant au caractère civiliste du droit français, par opposition à la *common Law*, comme ont voulu le faire croire certains économistes, en particulier ceux de la Banque mondiale[30]. Une autre explication à ce retard réside dans le manque d'adaptation du système juridique français au développement

27. Shikhar Ghosh et Ramana Nanda, 2010, *Venture Capital Investment in the Clean Energy Sector*, Working Paper 11-020, Harvard Business School, août 2010 (http://www.hbs.edu/faculty/Publication%20Files/11-020.pdf).

28. Dans un tel contexte, un mécanisme favorisant l'interaction entre la recherche publique et les entreprises, comme celui mis en place aux États-Unis par le *Bayh-Dole Act* (*The Patent and Trademark Law Amendments Act*) du 12 décembre 1980, semble pertinent. Cette loi américaine donne à toute organisation non lucrative bénéficiant dans sa recherche de fonds publics (par exemple, des universités) le droit de breveter ses inventions. En échange, le gouvernement fédéral se voit attribuer un droit de licence (irrévocable, non transférable), tandis que le détenteur des brevets ayant bénéficié de fonds publics dans sa recherche doit favoriser les entreprises américaines. Depuis l'introduction de cette loi, les universités américaines ont créé des centres de transfert de technologie spécifiquement dédiés pour inciter les inventeurs de brevets à créer des entreprises. Cette loi a permis de façon significative d'accélérer l'exploitation industrielle des résultats des recherches publiques. Ainsi, jusqu'en 2002, 2 000 nouvelles entreprises et 260 000 nouveaux emplois ont pu être créés. En 2002, ces nouvelles entreprises contribuaient à hauteur de 40 milliards de dollars à l'économie américaine. Voir Thomas Hoeren, « Zur Patentkultur an Hochschulen – auf neuen Wegen zum Ziel », Wirtschaftsrecht, Bd. 38, Tübingen, 2005, p. 131-156 (www.uni-muenster.de/Jura.itm/hoeren/veroeffentlichungen/Zur Ptentkultur an Hochschulen.pdf), et « Innovation's golden goose », economist.com, 12 décembre 2002, (http://www.economist.com/node/1476653).

29. Vernon W. Ruttan, *Is War Necessary for Economic Growth? Military Procurement and Technology Development*, Oxford University Press, 2006. Voir également Mariana Mazzucato, *op. cit.*

30. Voir, par exemple, Rafael La Porta, Florencio Lopez-de-Silanes, Andrei Shleifer et Robert W. Vishny, « Legal Determinants of External Finance », *The Journal of Finance*, vol. LII, n° 3, juillet 1997, p. 1131-1150. Dans les années 1990, La Porta et ses collègues du groupe LLSV ont, à l'appui d'un certain nombre d'indicateurs, avancé l'idée selon laquelle la tradition d'origine d'un système juridique donné (schématiquement *common law* vs. *civil law*) affecte significativement la manière dont les juridictions étudiées régulent leur économie, et donc leurs perspectives de croissance.

de l'économie et au fait que les juristes français ne se sont pas associés au mouvement du « réalisme juridique [31] ».

Le réalisme juridique s'oppose à la pensée juridique classique ou positiviste selon laquelle la règle de droit mène nécessairement à *une seule* solution juridique précise et apolitique, indépendamment de la personne qui interprète ou applique la règle de droit [32]. En effet, le réalisme juridique met en question l'existence de critères objectifs, qui permettraient de donner un sens clair à un texte juridique. Le réalisme juridique considère que le droit est indéterminé et reste – *via* le juge, les avocats et les autres sujets de droit, qui sont censés appliquer ou respecter les règles de droit – constamment à l'écoute des préoccupations économiques, sociales et politiques d'une société. En effet, le juge retient, dans certaines limites, la possibilité de prendre des décisions discrétionnaires, ce qui, selon les méthodes classiques d'interprétation du droit, devrait être impossible puisqu'une solution juridique devrait s'imposer, logiquement, à celui-ci. Par conséquent, les solutions tirées des textes ne sont pas statiques dans le temps et l'état du droit est constamment mis en question afin de l'adapter aux réalités changeantes d'une société. Ainsi, au lieu de voir le système juridique comme un système autonome et auto-exécutoire de règles, il convient plutôt de voir le droit comme un moyen par lequel des acteurs divers peuvent réaliser des objectifs.

Cette contestation réaliste de la pensée juridique classique et de la réalité même du fonctionnement de nos systèmes juridiques a profondément bouleversé la discipline juridique américaine qui, dans les années 1920 et 1930, était encore très renfermée sur elle-même et fortement influencée par le formalisme juridique. Les cercles académiques américains se sont ainsi progressivement ouverts à la recherche interdisciplinaire pour combler le vide intellectuel provoqué par le passage du réalisme juridique. L'analyse économique du droit apparue dans les années 1930 peut être considérée comme une tentative de réponse à cette crise du positivisme et de l'interprétation du droit.

---

31. Christophe Jamin, « Le rendez-vous manqué des civilistes français avec le réalisme juridique : un exercice de lecture comparée », *Droits*, n° 51, septembre 2011, p. 137-159. Nous employons l'expression « réalisme juridique » au singulier sans, bien entendu, supposer que ce mouvement est unifié. En général, on distingue deux sous-écoles du mouvement réaliste : la *sociological jurisprudence* (Brandeis, Pound, Cardozo…) et le legal *realism* (Franck, Llewelyn…).

32. Le réalisme juridique s'oppose ainsi au formalisme juridique, qui peut être décrit comme la « croyance en la validité d'une méthode déductive ou quasi déductive capable de donner des solutions déterminées à des problèmes particuliers de choix juridiques » (« belief in the availability of a deductive or quasi-deductive method capable of giving determinate solutions to particular problems of legal choice », in Roberto Mangabeira Unger, « The critical legal studies movement », *Harvard Law Review*, vol. 96, n° 3, janvier 1983, p. 564).

À l'inverse de leurs collègues américains, les juristes français – « conservateurs par essence », selon Georges Ripert [33] – sont restés renfermés sur eux-mêmes au lieu de s'ouvrir à l'interdisciplinarité. Ils ont continué à essayer d'expliquer « le droit par le droit » et ne sont pas allés à la recherche d'autres sources de rationalité d'un texte de droit qui permettraient une interprétation plus claire des textes. La discipline juridique française a préféré insister davantage sur le formalisme juridique ainsi que sur la perfection des méthodes classiques d'interprétation du droit pour améliorer la cohérence interne de leur système juridique. Ainsi, au cours du siècle passé, le droit français s'est construit de manière autonome et abstraite, multipliant les typologies et qualifications, sans égard pour les réalités concrètes de l'économie et de ses règles.

Fidèles à la théorie positiviste, les théoriciens du droit français ont essayé de soumettre la règle de droit à des méthodes scientifiques spécifiques et radicalement isolées des autres disciplines académiques [34]. Ainsi, au lieu de voir le droit comme un moyen ou un outil, les facultés de droit françaises ont eu tendance à sacraliser le droit comme une valeur en elle-même et à faire de son étude une science qui s'apparente à la morale ou à l'éthique [35].

Ce débat est bien différent du débat initié à la fin des années 1990 par des économistes avançant que les systèmes civilistes seraient plus centralisés et s'appuieraient sur de nombreux codes écrits, que tous les juges sont obligés de suivre. La *common law* serait, quant à elle, plus décentralisée et s'appuierait sur des principes légaux plus larges ainsi que sur l'expérience légale (la jurisprudence), que les juges peuvent interpréter avec plus de liberté que dans les pays civilistes. Dans cette conception, la *common law* fournirait un environnement plus flexible pour les firmes et les entrepreneurs, notamment en facilitant le financement par des procédures de recouvrement des créances plus rapides et plus efficaces [36].

En réalité, l'idée que le juge tranche les faits et crée la jurisprudence seulement aux États-Unis est erronée. Les juges ont également un pouvoir créateur en France, bien qu'ils aient tendance à occulter ce pouvoir derrière un formalisme juridique classique, tel que le syllogisme juridique [37], qui ne semble permettre qu'une seule solution.

---

33. Georges Ripert, cité par Emmanuel Susset, in « Les enjeux de l'analyse économique du droit », *Labyrinthe*, n° 9, printemps-été 2001, p. 111.

34. C'est l'idée que l'on retrouve derrière la « théorie pure du droit » de Hans Kelsen (*Théorie pure du droit*, Dalloz, 1962, p. 9 et *sq.*).

35. Ce rapprochement avec la morale ou l'éthique s'explique par le fait que l'objet de l'étude juridique porte sur des règles ou des normes, donc des règles qui cherchent à diriger ou à prescrire des comportements.

36. Voir *supra* note 29.

37. En général, le syllogisme juridique consiste à appliquer des faits (la mineure) à une règle de droit (la majeure) pour obtenir une solution juridique (la conclusion).

De la même manière, l'idée que la flexibilité du droit vient de la jurisprudence aux États-Unis est erronée. En effet, le nombre de règles de droit écrites aux États-Unis (souvent le résultat de la codification de la jurisprudence issue de la *common law*) est en croissance permanente. D'une certaine façon, on assiste en réalité à une convergence des modèles entre les pays de *common law* et les pays de droit continental.

Un des problèmes centraux du droit français est donc d'avoir manqué le tournant du réalisme juridique, qui a bousculé l'abandon de l'approche classique et introvertie de l'étude du droit. La discipline juridique française a ainsi manqué une occasion de s'ouvrir plus tôt et avec un plus grand enthousiasme à de nouvelles disciplines académiques comme les sciences économiques.

5ᴱ CONSTAT :

En manquant le tournant du réalisme juridique, le droit français a également manqué celui de l'analyse économique du droit.

L'analyse économique du droit (connu aux États-Unis sous le nom générique de Law and Economics) est une discipline qui associe les théories et les outils de la science économique et du droit afin d'examiner la formation, la structure et l'impact économique des règles de droit et des institutions judiciaires. Avant les années 1960, les sciences économiques n'interagissaient avec le droit que de façon très limitée – le droit de la concurrence, le droit fiscal et, peut-être, la détermination de dommages-intérêts représentaient les rares exceptions à cette règle. Mais cette interaction limitée entre droit et sciences économiques a définitivement pris fin – tout au moins dans certains pays – avec l'avènement du mouvement moderne de l'analyse économique du droit, dont Ronald H. Coase et Guido Calabresi sont parmi les fondateurs les plus éminents[38]. À ce jour, la position de l'analyse économique du droit comme discipline autonome et légitime au niveau mondial n'est plus contestée et a été confirmée par l'attribution du prix Nobel d'économie à Ronald H. Coase en 1991 et à Gary Becker en 1992. L'aspect novateur du mouvement moderne de l'analyse économique du droit réside dans la rigueur et la cohérence avec lesquelles les concepts et théories de la science économique sont appliqués à des problèmes juridiques.

38. Voir notamment Ronald H. Coase, « The Problem of Social Cost », *The Journal of Law & Economics*, vol. 3, octobre 1960, p. 1-44, et Guido Calabresi, *The Costs of accidents. A Legal and Economic Analysis*, Yale University Press, 1970.

La France, en revanche, est restée en retrait de cette acceptation de l'analyse économique du droit comme une discipline légitime et indépendante dans l'« écologie intellectuelle[39] » du droit[40]. Les sciences économiques ont pourtant l'avantage de développer une théorie très élaborée du comportement humain dont le droit a besoin pour comprendre et mesurer son impact sur les interactions en société. En effet, comment des juristes espèrent-ils atteindre un objectif de politique publique en proposant une nouvelle règle de droit ou en améliorant une règle existante sans pouvoir anticiper scientifiquement son impact sur le comportement des individus ? Avec les nombreuses théories et les outils des sciences économiques, il devient possible de formaliser l'influence du droit sur les comportements humains. La perfection des modèles économiques avec les enseignements tirés du *behavioral economics* ou de disciplines aussi diverses que la psychologie, la sociologie, l'histoire ou la neuroscience permet de façon significative de rapprocher l'analyse d'une règle de droit et de ses effets (anticipés) à la réalité.

Du fait de son approche pluridisciplinaire, l'analyse économique du droit se caractérise par une approche originale et parfois iconoclaste du droit et de la régulation, ce qui permet d'imaginer des outils de régulation intelligents et innovants[41]. En incitant à penser l'innovation et en soumettant la règle de droit à des critères d'analyse alternatifs qui n'hésitent pas à mettre en question les dogmes et les autorités de la pensée juridique classique, l'analyse économique du droit est souvent une discipline de l'émancipation qui accompagne le changement.

Le désintérêt de la discipline juridique française pour l'analyse économique du droit se reflète ainsi dans le travail du législateur et des pouvoirs politiques français, qui ne raisonnent pas suffisamment dans un cadre d'efficacité avant de procéder à l'exercice politique de la redistribution des richesses dans notre société. Autrement dit, le pouvoir politique se place trop vite dans une logique redistributive au lieu de se préoccuper, dans un premier temps, de la création des conditions de croissance et de l'efficacité économique avec les instruments législatifs et réglementaires à sa disposition. Quelles que soient

---

39. Robert Cooter et Thomas Ulen, *Law & Economics*, 6ᵉ édition, Pearson, 2011, p. 3.

40. Le constat que les juristes et théoriciens du droit restent très réservés sur la pertinence du projet d'analyser le droit grâce aux outils des sciences économiques est notamment partagé par Bruno Deffains et Samuel Ferey, in « Théorie du droit et analyse économique », *Droits*, n° 45, juillet 2007, p. 223-254.

41. On peut ainsi citer comme exemple les *nudges* de Richard Thaler et Cass Sunstein (*Nudge. La méthode douce pour inspirer la bonne décision*, Vuibert, 2010). L'objectif d'un *nudge* (« coup de pouce ») est de créer un environnement décisionnel qui poussera des personnes à adopter certains comportements après avoir soumis les incitations de personnes cibles à une analyse psychologique et économique. La décision de la personne soumise au *nudge* doit être volontaire (le fait de ne pas adopter le comportement suggéré par le *nudge* ne doit pas créer un désavantage disproportionné pour la personne ciblée), doit court-circuiter ses fonctions cognitives, et la mise en place du *nudge* doit être peu coûteuse. Au Royaume Uni, par exemple, en changeant la rédaction de certaines notifications envoyées à des contribuables en retard dans le paiement de leurs impôts, le gouvernement britannique a pu augmenter les taux de paiement des impôts de 15 % (soit un recouvrement de 160 millions de livres récupérés six semaines à l'avance pour le Trésor britannique). La nouvelle notification expliquait aux retardataires que neuf sur dix de leurs voisins avaient déjà payé leurs impôts et qu'ils étaient parmi les derniers à ne pas l'avoir fait.

les préoccupations des uns et des autres en matière de redistribution des richesses dans une société, chacun devrait convenir que raisonner dans un premier temps dans un cadre d'efficacité présente le mérite de pouvoir mieux anticiper les effets induits d'une politique et de maximiser la somme totale qui pourra *in fine* être redistribuée.

Le pouvoir politique a également tendance à négliger le fait que l'État n'est pas nécessairement le régulateur le plus efficace pour remédier aux défaillances de marché et que certains de ses modes d'intervention peuvent même être moins efficaces que d'autres dans la maximisation du bien-être social. Une des leçons les plus importantes de Ronald H. Coase a été en effet de démontrer l'existence d'alternatives aux modes d'intervention traditionnels de l'État dans l'économie (des interventions dites pigouviennes [42]). Une régulation intelligente qui réduit les coûts de transaction et facilite la négociation entre des acteurs économiques peut au final conduire à une allocation optimale des ressources d'une société. Elle peut également rendre superflue une intervention imprécise, inefficace et coûteuse de l'État – qui, comparé aux agents privés d'un certain secteur économique, est souvent contraint d'agir dans une situation d'asymétrie informationnelle.

L'Environmental Protection Agency et la mise en place du Clean Power Plan Proposed Rule

Le Clean Power Plan annoncé le 3 août 2015 par le président Obama et l'Environmental Protection Agency (EPA) est un projet de régulation fédérale visant à contraindre les États américains à réduire leur empreinte carbone. Il vise notamment à réduire de 32 % les émissions de CO_2 du pays d'ici à 2030. Cette initiative se veut ouverte, octroyant à chaque État une certaine liberté d'exécution tant que les objectifs individuellement fixés par le gouvernement sont remplis. Bien que non obligatoire, une des solutions mise en avant par l'EPA est le recours à des mécanismes de marchés de permis à polluer fixés pour chaque État, qui distribuerait ensuite, en interne, des permis aux polluants. Les États ont notamment la possibilité de soumettre à approbation de l'EPA des modèles

---

42. L'approche pigouvienne appliquée à la régulation des externalités consistait systématiquement à sanctionner celui qui était à l'origine d'une externalité négative. L'approche de Coase est plus nuancée et permet d'envisager des solutions négociées à la problématique des externalités. Selon le théorème de Coase (que Stigler a inventé et, non sans quelque mécontentement de la part de Coase, dédié à Coase), la négociation entre le producteur et la victime des externalités aboutira à une allocation efficace des ressources dès lors que les droits de propriété sont clairement définis et que les coûts de transaction sont égal à zéro. L'objectif de la puissance publique doit donc être de clairement définir les droits de propriété et de réduire les coûts de transaction, et non d'imposer des sanctions imprécises/inefficaces à tout prix.

économiques alternatifs de prise en compte des objectifs fixés, permettant un certain degré de flexibilité pour chaque État.

Dans une intervention à l'université de Pennsylvanie, datée du 22 septembre 2014, Jason Furman, président du Council of Economic Advisers de la Maison-Blanche, s'attelait à une présentation du Clean Power Plan Proposed Rule, de ses coûts et de ses retombées, ainsi que de l'urgence d'une telle réforme. Une intervention de ce type, alors même que le projet de régulation n'en était à l'époque qu'à l'état de proposition, témoigne de l'importance que revêt l'avis des économistes dans l'évaluation des projets de régulation et de l'importance des outils tels que les analyses coûts/bénéfices. Ces démarches sont explicitement dédiées à des propositions les plus efficaces possibles, soucieuses des intérêts environnementaux, économiques, mais aussi technologiques propres à chaque État. Elles permettent donc des politiques publiques plus précises et faites « sur mesure », dans un souci d'efficacité maximale.

On retrouve également cette préoccupation au sein même des agences fédérales américaines. L'EPA, tout comme d'autres agences fédérales, publie et met à jour régulièrement des recommandations (*guidelines*) permettant de préparer des analyses économiques de ses décisions et de ses projets. Le document *Guidelines for Preparing Economic Analyses*** permet ainsi à la fois de se faire une idée des outils économiques utilisés par l'EPA dans le cadre de la mise en place des politiques publiques, mais également de mettre à disposition ces outils aux évaluations extérieures. Lors de l'annonce du Clean Power Plan le 3 août 2015, l'EPA a publié, en même temps que le projet final, une étude d'impact intitulée *Regulatory Impact Analysis for the Clean Power Plan Final Rule***. Ce document analyse les conséquences de cette régulation nouvelle sur l'ensemble des acteurs concernés, ainsi que sur l'économie américaine.

* http://yosemite.epa.gov/ee/epa/eerm.nsf/vwAN/EE-0568-50.pdf/$file/EE-0568-50.pdf

** http://www.epa.gov/sites/production/files/2015-08/documents/cpp-final-rule-ria.pdf

Les conséquences du virage manqué du droit français sont nombreuses, en particulier une plus grande complexité de notre cadre juridique rendant plus compliqué, sur un plan technique, les réformes en profondeur et facilitant la réaction des rentiers opposés à tout changement.

L'incapacité à anticiper les effets induits de la règle de droit et le manque de prise de hauteur sur les objectifs de la loi conduisent souvent le législateur à produire une nouvelle norme, sans s'être préalablement préoccupé des effets de la norme existante. On assiste alors fréquemment à une multiplication des normes qui peuvent se contredire ou avoir des effets contre-productifs, tout en alimentant la complexité juridique.

Un cadre juridique complexe est non seulement difficile à administrer, mais il est aussi difficile à réformer. D'une part, ceux qui administrent le système, tout comme ceux qui le subissent, doivent investir plus de temps afin de comprendre la signification des normes, comment elles s'appliquent et s'il peut être moins coûteux de les contourner plutôt que de les respecter. D'autre part, ceux qui sont en charge de la rédaction de ces règles sont d'autant moins enclins à prendre des risques quand il s'agit de modifier des règles complexes. Ils savent que tout changement aura des répercussions ailleurs, imprévisibles par nature, compte tenu des liens étroits qui relient les différents pans du système. Quand le risque d'erreur est plus élevé, les gouvernants sont ainsi plus enclins à préserver le *statu quo* – la réticence du gouvernement en matière de droit des faillites ou en droit fiscal en témoigne. C'est la situation dans laquelle nous nous trouvons à ce jour.

Par ailleurs, un cadre juridique complexe facilite le travail de ceux qui ont les moyens de bénéficier d'une complexité juridique – au point de créer une situation de rente pour ces personnes qui, naturellement, s'opposeront aux réformes envisagées. Les bénéficiaires de la complexité juridique sont nombreux, à commencer par ceux qui sont mieux équipés que les autres pour gérer cette complexité : ceux qui parviennent à transformer la gestion de cette complexité en un avantage concurrentiel significatif, ceux qui parviennent à utiliser la complexité pour éviter d'avoir à rendre des comptes à qui que ce soit et ceux qui fournissent des prestations de conseil portant sur ces règles.

On observe ainsi de nombreuses barrières à l'entrée, pour raisons réglementaires, dans des domaines comme la pharmaceutique, la téléphonie mobile ou encore le transport. Face à la complexité réglementaire, la stratégie du nouvel entrant peut alors être délibérément de l'ignorer, en espérant qu'elle finira par être modifiée.

Les bénéficiaires de la complexité juridique tenteront également d'influencer ceux qui souhaitent changer le système, puisque leurs intérêts économiques en dépendent. Cette « capture du régulateur » est d'autant plus aisée que les régulations sont techniques ou complexes – l'exemple de la réglementation bancaire est révélateur dans ce contexte.

Les victimes de la complexité juridique constituent un groupe particulièrement diffus. Leur capacité à dénoncer la complexité ou à se regrouper pour faire valoir leurs intérêts est souvent limitée compte tenu de la puissance de leurs adversaires. Dans ces conditions, réformer un droit et système juridique complexe constitue une entreprise périlleuse pour le législateur, qui évite trop souvent de proposer des réformes ambitieuses et efficaces, pourtant nécessaires pour permettre un pays comme la France de retrouver le chemin de la croissance [43].

> ## L'exemple des concessions autoroutières : Eiffage et APRR
>
> Dans un communiqué daté du 17 septembre 2014, l'Autorité de la concurrence critiquait la façon dont avaient été négociées les concessions autoroutières par l'État, qui octroyaient aux concessionnaires une « rente* » qui ne semble pas pouvoir être justifiée par un risque particulier lié à l'activité des concessionnaires. Trois erreurs ont en effet été commises par l'État. Tout d'abord, l'État a accepté une formule d'indexation du tarif des péages comme mode d'encadrement des prix à l'avenir qui a permis au concessionnaire d'imposer une augmentation des tarifs supérieure à l'inflation. Ensuite, l'État a accepté de permettre au concessionnaire d'augmenter systématiquement ses tarifs pour financer ses dépenses d'investissement alors même que la totalité des bénéfices du concessionnaire était systématiquement distribuée à la société mère pour permettre le remboursement de la dette ayant permis de financer l'acquisition de la concession (et ne pouvait donc servir à l'autofinancement). Enfin, la procédure d'attribution des marchés de travaux d'entretien et de construction des autoroutes est en elle-même contestable, selon l'Autorité, en raison d'une mauvaise pondération de certains facteurs. Un grand nombre de concessionnaires ont tendance à sous-pondérer le facteur prix tout en surpondérant des valeurs techniques subjectives

---

43. Daron Acemoglu, Simon Johnson et James Robinson, art. cit.

qui rendent opaque et arbitraire le choix du prestataire emportant lesdits marchés, permettant par là même de ne pas les octroyer forcément au mieux-disant, c'est-à-dire à celui proposant des prestations au moindre coût. Ces problèmes dans la procédure d'attribution ont permis aux concessionnaires de déterminer de manière arbitraire leurs prestataires et de choisir comme « par hasard » des sociétés sœurs, le coût supplémentaire étant répercuté sur les utilisateurs.

Cette situation de rente a également été dénoncée par la Cour des comptes qui, en 2013, faisait déjà état de la relation déséquilibrée qui liait l'État aux sociétés autoroutières, en faveur de ces dernières.

Cet exemple illustre la déconnexion qui existe entre certains processus d'attribution de marchés publics par l'État qui, par manque de prise en compte de la réalité économique et empirique, se révèlent être inefficaces à la fois pour les usagers et pour l'État. Ce constat est vrai à la fois pour le modèle économique de hausse des prix et pour les procédures d'enchères choisies dans l'attribution des concessions autoroutières. Une nouvelle formule, telle que notamment proposée par l'Autorité de la concurrence permettrait de limiter la hausse régulière des péages, voire possiblement d'en entraîner la baisse, ce qui serait favorable aux usagers. David Ettinger met également en avant le manque d'efficacité économique que représente l'attribution des concessions autoroutières à des sociétés de travaux publics**. Il existe en effet une incitation pour l'entreprise partie à soumettre des prix artificiellement bas, pour réduire le prix final payé au concurrent qui remporte l'appel d'offres. Par ce même raisonnement, il est possible pour l'actionnaire d'une concession de soumettre un prix artificiellement bas, et donc sous-optimal, pour remporter l'appel d'offres alors même qu'un concurrent aurait pu réaliser les travaux pour un coût plus efficace.

À travers cet exemple, on voit comment les outils de l'analyse économique du droit peuvent être au service d'une réglementation plus efficace. Un système plus efficace de mise en concession des autoroutes est possible, tout comme un système de fixation des prix reflétant davantage les évolutions conjoncturelles et structurelles des coûts qui pèsent sur les concessionnaires. C'est, à demi-mot, ce que semble suggérer la Cour des comptes lorsqu'elle en appelle à une « évolution du cadre juridique et des modalités de négociations*** ». Cette évolution, pour corriger les erreurs précédemment commises, devrait intégrer ce souci d'analyse et d'efficacité économique qui jusqu'à présent fait défaut.

* On entend ici par « rente », une rente de situation dont bénéficient les sociétés concessionnaires. Cette rente de situation les dote d'un surplus de rentabilité obtenu, dans notre cas, par des politiques publiques inadaptées.

** David Ettinger, « Privatisation des sociétés d'autoroute et marché aval », *Annales d'économie et de statistique*, janvier-mars 2008, n° 89, p. 63-90.

*** www.ccomptes.fr/Actualites/Archives/Les-relations-entre-l-Etat-et-les-societes-concessionnaires-d-autoroutes. Voir aussi Cour des comptes, *Les Relations entre l'État et les sociétés concessionnaires d'autoroutes*, juillet 2013.

Une réforme du droit, aussi profonde soit-elle, ne pourra faciliter le passage à une économie de l'innovation que si elle s'accompagne d'une réforme des contraintes informelles et de l'appareil judiciaire qui constituent les deuxième et troisième piliers de ce que les économistes appellent les « institutions ». Une telle réforme requiert notamment de faire évoluer les mentalités et les pratiques (la culture juridique d'un pays), ce qui passe par une transformation de l'enseignement du droit et de l'économie, tout comme de la façon dont sont utilisés les apports de ces disciplines.

Plusieurs mesures pourraient être envisagées dans ce contexte. À ce stade, nous nous contenterons de relever cinq recommandations portant sur les institutions françaises, qui nous semblent susceptibles d'entraîner un véritable changement de paradigme laissant entrevoir de nombreuses réformes ultérieures, plus spécifiques, comme les réformes du droit du travail, de la fiscalité, des entreprises en difficulté ou de la concurrence – parmi tant d'autres.

1. Renforcer la vocation d'analyse économique dans les études d'impact exigées lors du dépôt par le gouvernement d'un projet de loi devant le Conseil d'État.

Les études d'impact – qui ont été rendues obligatoires lors du dépôt d'un projet de loi par le gouvernement devant le Conseil d'État – doivent devenir de véritables outils au service d'une amélioration de la règle de droit. L'acception actuelle de la notion d'étude d'impact se borne trop fréquemment à une analyse des conséquences d'un projet de loi sur l'environnement juridique ou administratif. Mais ces études ne peuvent se contenter de ce type d'analyses et doivent faire l'objet d'une analyse des conséquences économiques du projet. Certes, la plupart des projets de loi déposés n'ont pas tous des retombées économiques, mais de nombreux champs d'intervention des pouvoirs publics ont un impact sur les comportements des agents, que l'analyse économique est en mesure d'étudier.

À titre d'exemple, le droit pénal n'est pas exempt de signaux envoyés aux agents, qui adaptent ainsi leurs comportements à l'évolution du régime pénal. L'analyse économique du droit dispose des outils permettant de telles analyses. Aussi, lorsqu'un projet de loi est dépourvu de conséquences économiques, il est nécessaire de faire mentionner dans l'étude d'impact qu'une telle absence a été étudiée – plutôt que de permettre l'absence de mention – afin de pouvoir notamment mieux opposer au gouvernement une erreur dans l'appréciation des conséquences du projet de loi.

Une telle mesure n'est pas dépourvue de changements dans la conception des projets de loi qui devront faire l'objet d'un dialogue accru entre techniciens du droit et de l'économie, avec les conséquences logistiques que cela entraînera dans le dialogue entre équipes et entre administrations, c'est-à-dire, de façon plus générale, dans le management public.

2. Renforcer le contrôle exercé sur la qualité des études d'impact.

Renforcer la qualité des études d'impact requiert un contrôle renforcé du Conseil constitutionnel, qui devra vérifier la conformité de l'étude d'impact accompagnant un projet de loi lors de son dépôt avec le texte finalement adoptée par le Parlement. Par ailleurs, lors de ses avis rendus sur les projets de loi, le Conseil d'État devrait pouvoir se prononcer sur les études d'impact réalisées, l'absence manifeste d'analyse des retombées économiques d'un projet de loi pouvant être un élément pertinent faisant l'objet de remarques. Dans sa décision du 5 août 2015 concernant la loi Macron, le Conseil constitutionnel a refusé de censurer la loi en raison du caractère lacunaire de l'étude d'impact qui avait été adjointe au projet de loi lors du recueil de l'avis du Conseil d'État [44]. En outre, les députés requérants ayant mis en cause la procédure d'adoption de la loi Macron avaient critiqué le fait que l'obligation de soumettre une étude d'impact dans les formes avait été contournée suite à la présentation par le gouvernement de nombreuses dispositions sous forme d'amendements au cours des débats parlementaires. L'étude d'impact déposée par le gouvernement avec le projet de loi devant le Conseil d'État ne portait donc plus, après l'adoption d'amendements significatifs du gouvernement, sur la loi finalement adoptée par le Parlement. La préparation d'une nouvelle étude d'impact, analysant le texte final de la loi, aurait été nécessaire. Ainsi, l'impact des amendements apportés par le gouvernement sur la cohérence de la loi elle-même mais aussi sur l'efficacité de dispositions de lois précédemment adoptées n'a pas été traité. Ce qui s'est passé avec la loi Macron est symptomatique des défauts des instruments de préservation de la qualité de la règle de droit en France [45].

44. Voir aussi l'avis du Conseil d'État n° 389.494 du 8 décembre 2014 relatif au projet de loi pour la croissance et l'activité, qui déplore également la qualité de l'étude d'impact préparée par le gouvernement.

45. Pour approfondir ce sujet, voir Fadma Bouharchich, Alexandra Gantier-Hochart, Mathieu Kohmann et Mathieu Luinaud, *La Qualité de la règle de droit comme vecteur de croissance* (à paraître).

3. Doter le Conseil d'État et le Conseil constitutionnel des moyens matériels de remplir ces nouvelles missions.

Le poids accru des études d'impact tel qu'il est ici envisagé requiert des compétences nouvelles pour les deux juridictions concernées. Le Conseil d'État pourrait ainsi se voir doter d'un nouveau groupe de travail, composé d'économistes et de juristes dont la mission serait de mettre en place le contrôle approfondi des études d'impact. Ce nouveau groupe de travail pourrait être intégré à l'actuelle section du rapport et des études ou composer une sous-section de cette dernière, ou bien faire l'objet d'une nouvelle section au sein du Conseil d'État. Ce groupe de travail serait composé de personnalités qualifiées et de hauts fonctionnaires issus par exemple des corps d'administrateurs civils du ministère de l'Économie et des Finances ou du corps de l'Inspection générale des finances. Ce groupe, s'il était rattaché au Conseil d'État, devrait également pouvoir être mis à disposition du Conseil constitutionnel lorsque ses travaux l'exigent. À défaut, cette mission pourrait être confiée à un Conseil d'analyse économique au rôle repensé.

4. Moderniser et diversifier la formation des élites administratives [46] en charge de la rédaction des textes.

Il convient également de moderniser et diversifier la formation des élites administratives en charge de la rédaction des textes. D'un côté, la mainmise des magistrats professionnels dans la rédaction des textes, étant précisé que ces magistrats sont en général des fonctionnaires qui n'ont que très peu d'expériences du privé ; de l'autre, au niveau des instances de décisions, des hauts fonctionnaires trop généralistes de par leur cursus de formation, manquant d'expertise pour gérer la complexité accrue des textes. Ce constat est également vrai pour les fonctionnaires recrutés par les différents concours des assemblées qui sont au contact direct des parlementaires en charge du vote des lois en France.

5. Encourager à davantage de pluridisciplinarité dans les facultés et écoles de droit.

Les contraintes informelles naissent de l'idéologie, cadre de pensée subjectif que chaque individu possède pour expliquer le monde qui l'entoure. Le système éducatif façonne largement cette représentation. Pour des raisons

46. Voir également sur ce même sujet Kevin Brookes et Benjamin Le Pendeven, *L'État innovant (2) : diversifier la haute administration*, Fondation pour l'innovation politique, avril 2014.

historiques et structurelles, liées à l'organisation du système universitaire en France, les juristes français contribuent à perpétuer l'idée que le droit est une science qui se suffit à elle-même. Ainsi, le retard de la France, en ce qui concerne la mise en adéquation de son système juridique avec la vie économique qui l'entoure et au service duquel le système juridique devrait normalement se trouver, peut également s'expliquer dans un renfermement de la discipline juridique française sur elle-même.

Davantage de moyens doivent être mis à disposition pour financer des projets de recherche aux croisements du droit et de l'économie. Les maquettes pédagogiques des écoles de droit doivent s'ouvrir à l'interdisciplinarité et, de façon plus générale, la poursuite de diplômes pluridisciplinaires, qui unissent droit et économie, droit et psychologie, droit et sociologie, etc., doit être encouragée. S'inspirer du modèle éducatif de certains pays du *common law*, dans lesquels des étudiants intègrent des écoles de droit uniquement au niveau master ou après une expérience professionnelle préalable, pourrait en outre aider à ouvrir le droit à d'autres disciplines dans la mesure où de tels étudiants en droit pourront acquérir des connaissances dans d'autres disciplines que le droit avant de devenir juristes.

L'ouverture de la discipline juridique française à l'innovation académique viendra également par un changement de l'éducation et du mode de recrutement des professeurs de droit. Ce renouvellement dans le corps professoral des écoles de droit nécessitera sans doute du temps et résultera d'une modernisation et de la diversification des parcours éducatifs que pourra emprunter un étudiant en droit en France dans le futur. Actuellement – au lieu d'encourager l'expérience, la recherche interdisciplinaire et la coopération entre chercheurs de différentes disciplines –, la procédure d'agrégation de professeurs en France a tendance à ne pas considérer les travaux de recherche de candidats qui sont écrits en langue étrangère ou qui ont été écrits en coopération avec d'autres auteurs, notamment des auteurs d'autres disciplines académiques. Il est donc peu étonnant de constater que les écoles de droit françaises sont si peu attractives pour des professeurs venant de pays étrangers ou du secteur privé. Cette restriction des *inputs* intellectuels qui pourraient influencer ou inspirer la pensée juridique française a nécessairement pour conséquence un appauvrissement de l'*output* de la discipline juridique française. Un système de connaissance défensif et renfermé sur lui-même – qui, du fait de l'éducation et du mode de recrutement de ses praticiens et chercheurs professionnels, se perpétue lui-même – ne peut de façon crédible innover ou accompagner le changement.

CONCLUSION

À travers cette note, nous avons démontré l'urgente nécessité d'une réforme des « institutions » en France pour contribuer au retour d'une innovation plus systématique, et plus radicale, afin de bénéficier d'une croissance plus importante. Cette réforme, qui représente selon nous l'un des principaux défis du pays, permettra de franchir la frontière technologique qui empêche pour l'instant la France de réaliser pleinement son potentiel d'innovation. Elle permettra notamment d'assurer à la France un rôle leader dans les innovations radicales de demain, comme par exemple dans le secteur des bio- et nanotechnologies.

Réformer les institutions françaises, c'est aussi et surtout repenser le rôle de l'État. Il doit mettre en place un véritable écosystème de l'innovation qui permette aux entreprises françaises et étrangères de pérenniser leurs activités sur le sol français, et notamment de franchir la barrière de mise en application industrielle de la recherche fondamentale, dans laquelle la France excelle dans de nombreux domaines. Ce nouveau rôle de l'État doit traduire un basculement d'une politique de l'innovation verticale vers un *policy mix* à la fois horizontal et vertical. Mais il doit aussi se traduire par un environnement juridique repensé, dont la complexité actuelle est source d'une insécurité juridique qui nuit au processus d'innovation. En témoigne la difficulté inédite d'exercice de son activité par la société Uber.

Repenser l'environnement institutionnel français implique donc un changement de paradigme pour le monde du droit. Il semble nécessaire pour le droit des affaires français de mieux intégrer les apports du réalisme juridique et de l'analyse économique du droit afin d'octroyer au droit le rôle qu'il aurait dû assumer depuis longtemps : celui de facilitateur de l'économie.

Retrouvez sur notre site internet la vidéo de l'intervention
de Sophie Vermeille sur le thème « Entrepreneurs de solidarité »,
lors de l'événement de la Fondation pour l'innovation politique,
Le progrès, c'est nous ! 24 heures non-stop
le 16 novembre 2013 à la Maison de la Mutualité à Paris.

http://www.fondapol.org/fondapol-tv/le-progres-cest-nous-sophie-vermeille-entrepreneurs-de-solidarite/

Février 2016

LE LOBBYING :

OUTIL DÉMOCRATIQUE

FONDATION POUR L'INNOVATION POLITIQUE
fondapol.org

Anthony ESCURAT

Le lobbying : outil démocratique
Anthony Escurat, février 2016, 44 pages

NOS DERNIÈRES PUBLICATIONS

Le lobbying : outil démocratique
Anthony Escurat, février 2016, 44 pages

Valeurs d'islam
Dominique Reynié (dir.), préface par le cheikh Khaled Bentounès, PUF, janvier 2016, 432 pages

Chiites et sunnites : paix impossible ?
Mathieu Terrier, janvier 2016, 44 pages

Projet d'entreprise : renouveler le capitalisme
Daniel Hurstel, décembre 2015, 44 pages

Le mutualisme : répondre aux défis assurantiels
Arnaud Chneiweiss et Stéphane Tisserand, novembre 2015, 44 pages

L'Opinion européenne en 2015
Dominique Reynié (dir.), Éditions Lignes de Repères, novembre 2015, 140 pages

La noopolitique : le pouvoir de la connaissance
Idriss J. Aberkane, novembre 2015, 52 pages

Innovation politique 2015
Fondation pour l'innovation politique, PUF, octobre 2015, 576 pages

Good COP21, Bad COP21 (2) : une réflexion à contre-courant
Albert Bressand, octobre 2015, 48 pages

Good COP21, Bad COP21 (1) : le Kant européen et le Machiavel chinois
Albert Bressand, octobre 2015, 48 pages

PME : nouveaux modes de financement
Mohamed Abdesslam et Benjamin Le Pendeven, octobre 2015, 44 pages

Vive l'automobilisme ! (2) Pourquoi il faut défendre la route
Mathieu Flonneau et Jean-Pierre Orfeuil, octobre 2015, 40 pages

Vive l'automobilisme ! (1) Les conditions d'une mobilité conviviale
Mathieu Flonneau et Jean-Pierre Orfeuil, octobre 2015, 44 pages

Crise de la conscience arabo-musulmane
Malik Bezouh, septembre 2015, 40 pages

Départementales de mars 2015 (3) : le second tour
Jérôme Fourquet et Sylvain Manternach, août 2015, 56 pages

Départementales de mars 2015 (2) : le premier tour
Jérôme Fourquet et Sylvain Manternach, août 2015, 56 pages

Départementales de mars 2015 (1) : le contexte
Jérôme Fourquet et Sylvain Manternach, août 2015, 44 pages

Enseignement supérieur : les limites de la « mastérisation »
Julien Gonzalez, juillet 2015, 44 pages

Mémoires à venir
Dominique Reynié, janvier 2015, enquête réalisée en partenariat
avec la Fondation pour la Mémoire de la Shoah, 156 pages

La classe moyenne américaine en voie d'effritement
Julien Damon, décembre 2014, 40 pages

Pour une complémentaire éducation : l'école des classes moyennes
Erwan Le Noan et Dominique Reynié, novembre 2014, 56 pages

L'antisémitisme dans l'opinion publique française. Nouveaux éclairages
Dominique Reynié, novembre 2014, 48 pages

La politique de concurrence : un atout pour notre industrie
Emmanuel Combe, novembre 2014, 48 pages

Européennes 2014 (2) : poussée du FN, recul de l'UMP et vote breton
Jérôme Fourquet, octobre 2014, 52 pages

Européennes 2014 (1) : la gauche en miettes
Jérôme Fourquet, octobre 2014, 40 pages

Innovation politique 2014
Fondation pour l'innovation politique, PUF, octobre 2014, 554 pages

Énergie-climat : pour une politique efficace
Albert Bressand, septembre 2014, 56 pages

L'urbanisation du monde. Une chance pour la France
Laurence Daziano, juillet 2014, 44 pages

Que peut-on demander à la politique monétaire ?
Pascal Salin, mai 2014, 48 pages

Le changement, c'est tout le temps ! 1514 - 2014
Suzanne Baverez et Jean Sénié, mai 2014, 34 pages

Trop d'émigrés ? Regards sur ceux qui partent de France
Julien Gonzalez, mai 2014, 48 pages

L'Opinion européenne en 2014
Dominique Reynié (dir.), Éditions Lignes de Repères, avril 2014, 284 pages

Taxer mieux, gagner plus
Robin Rivaton, avril 2014, 38 pages

L'État innovant (2) : Diversifier la haute administration
Kevin Brookes et Benjamin Le Pendeven, mars 2014, 52 pages

L'État innovant (1) : Renforcer les think tanks
Kevin Brookes et Benjamin Le Pendeven, mars 2014, 52 pages

Pour un new deal fiscal
Gianmarco Monsellato, mars 2014, 8 pages

Faire cesser la mendicité avec enfants
Julien Damon, mars 2014, 48 pages

Le low cost, une révolution économique et démocratique
Emmanuel Combe, février 2014, 48 pages

Un accès équitable aux thérapies contre le cancer
Nicolas Bouzou, février 2014, 48 pages

Réformer le statut des enseignants
Luc Chatel, janvier 2014, 8 pages

Un outil de finance sociale : les social impact bonds
Yan de Kerorguen, décembre 2013, 36 pages

Pour la croissance, la débureaucratisation par la confiance
Pierre Pezziardi, Serge Soudoplatoff et Xavier Quérat-Hément, novembre 2013,
48 pages

Les valeurs des Franciliens
Guénaëlle Gault, octobre 2013, 36 pages

Sortir d'une grève étudiante : le cas du Québec
Jean-Patrick Brady et Stéphane Paquin, octobre 2013, 40 pages

Un contrat de travail unique avec indemnités de départ intégrées
Charles Beigbeder, juillet 2013, 8 pages

L'Opinion européenne en 2013
Dominique Reynié (dir.), Éditions Lignes de Repères, juillet 2013, 268 pages

*La nouvelle vague des émergents : Bangladesh, Éthiopie, Nigeria, Indonésie,
Vietnam, Mexique*
Laurence Daziano, juillet 2013, 40 pages

Transition énergétique européenne : bonnes intentions et mauvais calculs
Albert Bressand, juillet 2013, 44 pages

La démobilité : travailler, vivre autrement
Julien Damon, juin 2013, 44 pages

LE KAPITAL. Pour rebâtir l'industrie
Christian Saint-Étienne et Robin Rivaton, avril 2013, 42 pages

Code éthique de la vie politique et des responsables publics en France
Les Arvernes, Fondation pour l'innovation politique, avril 2013, 12 pages

Les classes moyennes dans les pays émergents
Julien Damon, avril 2013, 38 pages

Innovation politique 2013
Fondation pour l'innovation politique, PUF, janvier 2013, 652 pages

Relancer notre industrie par les robots (2) : les stratégies
Robin Rivaton, décembre 2012, 32 pages

Relancer notre industrie par les robots (1) : les enjeux
Robin Rivaton, décembre 2012, 40 pages

La compétitivité passe aussi par la fiscalité
Aldo Cardoso, Michel Didier, Bertrand Jacquillat, Dominique Reynié et
Grégoire Sentilhes, décembre 2012, 20 pages

Une autre politique monétaire pour résoudre la crise
Nicolas Goetzmann, décembre 2012, 40 pages

La nouvelle politique fiscale rend-elle l'ISF inconstitutionnel ?
Aldo Cardoso, novembre 2012, 12 pages

Fiscalité : pourquoi et comment un pays sans riches est un pays pauvre…
Bertrand Jacquillat, octobre 2012, 32 pages

Youth and Sustainable Development
Fondapol/Nomadéis/United Nations, juin 2012, 80 pages

La philanthropie. Des entrepreneurs de solidarité
Francis Charhon, mai / juin 2012, 44 pages

Les chiffres de la pauvreté : le sens de la mesure
Julien Damon, mai 2012, 40 pages

Libérer le financement de l'économie
Robin Rivaton, avril 2012, 40 pages

L'épargne au service du logement social
Julie Merle, avril 2012, 40 pages

L'Opinion européenne en 2012
Dominique Reynié (dir.), Éditions Lignes de Repères, mars 2012, 210 pages

Valeurs partagées
Dominique Reynié (dir.), PUF, mars 2012, 362 pages

Les droites en Europe
Dominique Reynié (dir.), PUF, février 2012, 552 pages

Innovation politique 2012
Fondation pour l'innovation politique, PUF, janvier 2012, 648 pages

L'école de la liberté : initiative, autonomie et responsabilité
Charles Feuillerade, janvier 2012, 36 pages

Politique énergétique française (2) : les stratégies
Rémy Prud'homme, janvier 2012, 44 pages

Politique énergétique française (1) : les enjeux
Rémy Prud'homme, janvier 2012, 48 pages

Révolution des valeurs et mondialisation
Luc Ferry, janvier 2012, 40 pages

Quel avenir pour la social-démocratie en Europe ?
Sir Stuart Bell, décembre 2011, 36 pages

La régulation professionnelle : des règles non étatiques pour mieux responsabiliser
Jean-Pierre Teyssier, décembre 2011, 36 pages

L'hospitalité : une éthique du soin
Emmanuel Hirsch, décembre 2011, 32 pages

12 idées pour 2012
Fondation pour l'innovation politique, décembre 2011, 110 pages

Les classes moyennes et le logement
Julien Damon, décembre 2011, 40 pages

Réformer la santé : trois propositions
Nicolas Bouzou, novembre 2011, 32 pages

Le nouveau Parlement : la révision du 23 juillet 2008
Jean-Félix de Bujadoux, novembre 2011, 40 pages

La responsabilité
Alain-Gérard Slama, novembre 2011, 32 pages

Le vote des classes moyennes
Élisabeth Dupoirier, novembre 2011, 40 pages

La compétitivité par la qualité
Emmanuel Combe et Jean-Louis Mucchielli, octobre 2011, 32 pages

Les classes moyennes et le crédit
Nicolas Pécourt, octobre 2011, 32 pages

Portrait des classes moyennes
Laure Bonneval, Jérôme Fourquet et Fabienne Gomant, octobre 2011, 36 pages

Morale, éthique, déontologie
Michel Maffesoli, octobre 2011, 40 pages

Sortir du communisme, changer d'époque
Stéphane Courtois (dir.), PUF, octobre 2011, 672 pages

La jeunesse du monde
Dominique Reynié (dir.), Éditions Lignes de Repères, septembre 2011, 132 pages

Pouvoir d'achat : une politique
Emmanuel Combe, septembre 2011, 52 pages

La liberté religieuse
Henri Madelin, septembre 2011, 36 pages

Réduire notre dette publique
Jean-Marc Daniel, septembre 2011, 40 pages

Écologie et libéralisme
Corine Pelluchon, août 2011, 40 pages

Valoriser les monuments historiques : de nouvelles stratégies
Wladimir Mitrofanoff et Christiane Schmuckle-Mollard, juillet 2011, 28 pages

Contester les technosciences : leurs raisons
Eddy Fougier, juillet 2011, 40 pages

Contester les technosciences : leurs réseaux
Sylvain Boulouque, juillet 2011, 36 pages

La fraternité
Paul Thibaud, juin 2011, 36 pages

La transformation numérique au service de la croissance
Jean-Pierre Corniou, juin 2011, 52 pages

L'engagement
Dominique Schnapper, juin 2011, 32 pages

L'Opinion européenne en 2011
Dominique Reynié (dir.), Édition Lignes de Repères, janvier 2011, 254 pages

Administration 2.0
Thierry Weibel, janvier 2011, 48 pages

Où en est la droite ? La Bulgarie
Antony Todorov, décembre 2010, 32 pages

Le retour du tirage au sort en politique
Gil Delannoi, décembre 2010, 38 pages

La compétence morale du peuple
Raymond Boudon, novembre 2010, 30 pages

L'Académie au pays du capital
Bernard Belloc et Pierre-François Mourier, PUF, novembre 2010, 222 pages

Pour une nouvelle politique agricole commune
Bernard Bachelier, novembre 2010, 30 pages

Sécurité alimentaire : un enjeu global
Bernard Bachelier, novembre 2010, 30 pages

Les vertus cachées du low cost aérien
Emmanuel Combe, novembre 2010, 40 pages

Innovation politique 2011
Fondation pour l'innovation politique, PUF, novembre 2010, 676 pages

Défense : surmonter l'impasse budgétaire
Guillaume Lagane, octobre 2010, 34 pages

Où en est la droite ? L'Espagne
Joan Marcet, octobre 2010, 34 pages

Les vertus de la concurrence
David Sraer, septembre 2010, 44 pages

Internet, politique et coproduction citoyenne
Robin Berjon, septembre 2010, 32 pages

Où en est la droite ? La Pologne
Dominika Tomaszewska-Mortimer, août 2010, 42 pages

Où en est la droite ? La Suède et le Danemark
Jacob Christensen, juillet 2010, 44 pages

Quel policier dans notre société ?
Mathieu Zagrodzki, juillet 2010, 28 pages

Où en est la droite ? L'Italie
Sofia Ventura, juillet 2010, 36 pages

Crise bancaire, dette publique : une vue allemande
Wolfgang Glomb, juillet 2010, 28 pages

Dette publique, inquiétude publique
Jérôme Fourquet, juin 2010, 32 pages

Une régulation bancaire pour une croissance durable
Nathalie Janson, juin 2010, 36 pages

Quatre propositions pour rénover notre modèle agricole
Pascal Perri, mai 2010, 32 pages

Régionales 2010 : que sont les électeurs devenus ?
Pascal Perrineau, mai 2010, 56 pages

L'Opinion européenne en 2010
Dominique Reynié (dir.), Éditions Lignes de Repères, mai 2010, 245 pages

Pays-Bas : la tentation populiste
Christophe de Voogd, mai 2010, 43 pages

Quatre idées pour renforcer le pouvoir d'achat
Pascal Perri, avril 2010, 30 pages

Où en est la droite ? La Grande-Bretagne
David Hanley, avril 2010, 34 pages

Renforcer le rôle économique des régions
Nicolas Bouzou, mars 2010, 30 pages

Réduire la dette grâce à la Constitution
Jacques Delpla, février 2010, 54 pages

Stratégie pour une réduction de la dette publique française
Nicolas Bouzou, février 2010, 30 pages

Iran : une révolution civile ?
Nader Vahabi, novembre 2009, 19 pages

Où va l'Église catholique ? D'une querelle du libéralisme à l'autre
Émile Perreau-Saussine, octobre 2009, 26 pages

Agir pour la croissance verte
Valéry Morron et Déborah Sanchez, octobre 2009, 11 pages

L'économie allemande à la veille des législatives de 2009
Nicolas Bouzou et Jérôme Duval-Hamel, septembre 2009, 10 pages

Élections européennes 2009 : analyse des résultats en Europe et en France
Corinne Deloy, Dominique Reynié et Pascal Perrineau, septembre 2009, 32 pages

Retour sur l'alliance soviéto-nazie, 70 ans après
Stéphane Courtois, juillet 2009, 16 pages

L'État administratif et le libéralisme. Une histoire française
Lucien Jaume, juin 2009, 12 pages

La politique européenne de développement : Une réponse à la crise de la mondialisation ?
Jean-Michel Debrat, juin 2009, 12 pages

La protestation contre la réforme du statut des enseignants-chercheurs : défense du statut, illustration du statu quo.
Suivi d'une discussion entre l'auteur et Bruno Bensasson
David Bonneau, mai 2009, 20 pages

La lutte contre les discriminations liées à l'âge en matière d'emploi
Élise Muir (dir.), mai 2009, 64 pages

Quatre propositions pour que l'Europe ne tombe pas dans le protectionnisme
Nicolas Bouzou, mars 2009, 12 pages

Après le 29 janvier : la fonction publique contre la société civile ?
Une question de justice sociale et un problème démocratique
Dominique Reynié, mars 2009, 22 pages

La réforme de l'enseignement supérieur en Australie
Zoe McKenzie, mars 2009, 74 pages

Les réformes face au conflit social
Dominique Reynié, janvier 2009, 14 pages

L'Opinion européenne en 2009
Dominique Reynié (dir.), Éditions Lignes de Repères, mars 2009, 237 pages

Travailler le dimanche: qu'en pensent ceux qui travaillent le dimanche ?
Sondage, analyse, éléments pour le débat
Dominique Reynié, janvier 2009, 18 pages

Stratégie européenne pour la croissance verte
Elvire Fabry et Damien Tresallet (dir.), novembre 2008, 124 pages

Défense, immigration, énergie : regards croisés franco-allemands sur trois
priorités de la présidence française de l'UE
Elvire Fabry, octobre 2008, 35 pages

Retrouvez notre actualité et nos publications sur www.fondapol.org

SOUTENEZ LA FONDAPOL

Pour renforcer son indépendance et conduire sa mission d'utilité publique, la Fondation pour l'innovation politique, institution de la société civile, a besoin du soutien des entreprises et des particuliers. Ils sont invités à participer chaque année à la convention générale qui définit ses orientations. La Fondapol les convie régulièrement à rencontrer ses équipes et ses conseillers, à discuter en avant-première de ses travaux, à participer à ses manifestations.

Reconnue d'utilité publique par décret en date du 14 avril 2004, la Fondapol peut recevoir des dons et des legs des particuliers et des entreprises.

Vous êtes une entreprise, un organisme, une association

Avantage fiscal : votre entreprise bénéficie d'une réduction d'impôt de 60 % à imputer directement sur l'IS (ou le cas échéant sur l'IR), dans la limite de 5 ‰ du chiffre d'affaires HT (report possible durant 5 ans).

Dans le cas d'un don de 20 000 €, vous pourrez déduire 12 000 € d'impôt, votre contribution aura réellement coûté 8 000€ à votre entreprise.

Vous êtes un particulier

Avantages fiscaux : au titre de l'IR, vous bénéficiez d'une réduction d'impôt de 66 % de vos versements, dans la limite de 20 % du revenu imposable (report possible durant 5 ans); au titre de l'ISF, vous bénéficiez d'une réduction d'impôt, dans la limite de 50 000 €, de 75 % de vos dons versés.

Dans le cas d'un don de 1 000 €, vous pourrez déduire 660 € de votre IR ou 750 € de votre ISF. Pour un don de 5 000 €, vous pourrez déduire 3 300 € de votre IR ou 3 750 € de votre ISF.

Contact : Anne Flambert +33 (0) 1 47 53 67 09 anne.flambert@fondapol.org